AF461598

LES CINQ PROPOSITIONS CENSVRE'ES,

EXTRAITES DES LIVRES ET DES Chapitres de Iansenius, citez & indiquez par les Iansenistes mesmes dans leur libelle intitulé, *Propositiones de gratia*, &c.

De ore tuo te iudico. Lucæ cap. 19. vers. 22.

PREMIERE PROPOSITION.

Quelques Commandemens de Dieu sont impossibles aux hommes iustes, lors mesme qu'ils veulent, & qu'ils s'efforcent selon les forces qu'ils ont dans l'estat où ils se trouuent, & la grace qui les doit rendre possibles leur manque.

VOILA la premiere Proposition que les Iansenistes dans leur libelle cy dessus allegué, soustiennent estre de Iansenius: *Venons*, disent-ils, à *Iansenius, & consultons le Chap. 13. de son 3. Liure de la grace du Sauueur: car c'est là où elle se rencontre.* Or voyons s'ils ont dit vray; Car ils n'ont point rapporté dans leur libelle, les textes ou les paroles de Iansenius. Mais voicy ce qui se trouue dans ce chapitre par eux cité.

Escoutons donc Iansenius, lequel aprés auoir rapporté quelques autoritez de S. Augustin, fait vne proposition composée de quatre membres, dont *le premier est qu'il y a quelques preceptes qui sont impossibles à l'homme, selon*

Dans le Cahier intitulé, Propositiones de gratia, *page* 9. Veniamus ad Iansenium *&c.* habetur ea apud hunc Auctorem in lib. 3. de grat. Saluat. cap. 13.
1. Esse quædam homini præcepta secundùm statum ac vires in quibus constitutus est, impossibilia.
2. Non adesse sem-

per gratiam quâ possimus illa eadem præcepta implere.
3. Hanc impotentiam reperiri non solùm in obcæcatis & obduratis, & infidelibus, &c. sed etiam in fidelibus & iustis.
4. Hanc impossibilitatem fidelibus accidere, non tantùm quando nolunt præcepta facere, sed etiam quando volunt.

les forces qu'il a dans l'estat où il se troune.

Le 2. est, que nous n'auons pas tousiours la grace, par laquelle nous puissions accomplir ces preceptes.

Le 3. est que cette impuissance (d'accomplir le precepte) *ne se rencontre pas seulement dans les aueuglez, dans les endurcis, & les infideles; mais encore dans les fideles & les iustes.*

Le 4. est que cette impuissance se troune dans les fideles, non seulement quand ils ne veulent pas garder les preceptes, mais lors mesme qu'ils veulent les garder.

Appliquez maintenant cette Proposition de Iansenius composée de ses quatre parties, à la proposition censurée, & vous trouuerez celle-cy dans celle-là presque en mesmes termes; car pour le sens, qui est ce qu'il y a de principal & de formel en toute proposition, il est le mesme dans la proposition censurée; & dans la proposition de Iansenius; donc il est vray que la premiere des cinq Propositions censurées, a esté tirée du Liure de Iansenius, quant aux termes & quant aux sens entier & parfait.

II. PROPOSITION.

Dans l'estat de la nature décheuë, on ne resiste iamais à la grace interieure.

Proposit. de grat. pag. 15. Asserit ipse & explicat propositam thesim l.3. de grat. Saluat. eámque firmat solidissimè, &c. Agit idem, &c. fusissimè lib. 2. cap. 25. *Cui titulus*, Gratiæ efficacissima natura declaratur, ex eo quòd nulla

LEs Iansenistes dans leur Libelle allegué nous prouoquent à consulter Iansenius *au liure 3. où il a*, disent-ils, *fortement appuyé cette proposition, & principalement au 2. Liure chap. 25.* Voyons dons ce chapitre 25. pour y voir ce qu'il en dit.

Le titre de ce Chapitre est, *Que la nature tres-efficace de la grace y est declarée, en ce qu'il n'y a point du tout de grace qui soit priuée de son effet, mais qu'elle l'opere infailliblement en tous ceux ausquels elle est donnée.*

Il dit en suite de quelque discours, que *c'est là la raison veri-*

veritable & la cause radicale, pour laquelle il n'y a aucune grace de Iesus-Christ qui soit frustrée de son effet; & que telle est la nature de la grace que Iesus Christ par sa mort a conferée à l'homme malade, ou dans l'estat de la nature décheuë. *Et parce*, dit-il en suite, *que les Pelagiens reconnoissoient vne certaine grace interieure, qui concourant interieurement auec le libre arbitre aidoit l'homme à croire s'il vouloit, ils ont esté en cela heretiques.*

Appliquez maintenant les textes de ce chapitre à la 2. Proposition censurée formée de deux parties; Car en ce qu'elle dit que *dãs l'estat de la nature décheuë*, (voilà la premiere) & en ce qu'elle dit *qu'on ne resiste iamais à la grace*, (voilà la secõde) & vous les trouuerez toutes deux dans les textes alleguez; la premiere lors que Iansenius specifie *l'état de la nature décheuë*, par ces mots, *l'homme infirme & malade*, puisque le premier selon Iansenius, estoit *sain & robuste;* la seconde, quand il bat & rebat plusieurs fois en ce mesme chapitre, *Qu'il n'y a point de grace de I. C. qui soit iamais priuée de son effet.*

Car dit-il au mesme lieu, *I. C. nous a conferé cette seule grace, qui donne tout ensemble son effet, afin que l'homme veüille & face, parceque la seule & veritable grace de I. C. est celle qu'il a conferée à l'infirmité de la nature décheuë & pecheresse pour la guerir;* & que *dés-là que l'homme est destitué de l'effet de la grace*, ou qu'il peche, *il n'a receu aucune grace.*

Voilà donc la seconde Proposition censurée, laquelle si elle n'est presque en mesmes termes dans Iansenius, elle y est au moins dans le mesme sens qu'elle a esté censurée, puisque Iansenius nous apprend que *dans la nature décheuë ou pecheresse, la grace n'est iamais priuée de son effet*, c'est à dire qu'on ne la reiette iamais: D'où il est euident que la seconde Proposition censurée a esté extraite & tirée, quant au sens entier & parfait, du Liure de Iansenius.

prorsus effectu caret, sed cum in omnibus quibus datur, infallibiliter operatur.
Hæc itaque est vera ratio & radix, cur nulla omnino medicinalis Christi gratia effectu suo careat.
Cùm talis sit natura gratiæ, quam ægrotanti generi humano Christus per mortem suam attulit.
Et præterquam quòd ipsi Pelagiani gratiam quamdam potentialem intus cum libero arbitrio concurrentem afferrent, quæ adiuuaret hominem ad credendum si vellet, nec tamen hæresis notam effugere potuerunt, *&c.*
Ibidem. Illam solam gratiam, quæ dat simul effectum suum, vt homo velit aut faciat; nempe quia ipsa vera & sola Christi gratia est, quam sanandæ naturæ peccatricis infirmitati attulit. Hoc ipso quo effectu homo destituitur, nullam ei gratiam collatam esse, *&c.*

III. PROPOSITION.

Pour meriter & demeriter dans l'estat de la nature décheuë, il n'est pas requis en l'homme une liberté qui l'exempte de la necessité ; mais la liberté qui l'exempte de la contrainte, suffit.

Proposit. de gratia pag. 24. Quoad Yprensis in hac parte sententiam, vide ab ipso, *&c.* congesta loca innumera, quibus euincit inuictissimè solam libertatem à coactione ad veram libertatem, & proinde ad meritum necessariam esse. Iansen. lib. 6. de grat. Saluat. ca. 6. & seq. & cap. 24. & lib. 8. de grat. Saluat. ca. 4. & 14.

Caput 6. cui titulus, Duplex necessitas, coactionis & simplex; illa, non hæc repugnat libertati. Prima illa semper opponitur voluntati, *&c.* capitaliter repugnat libertati, *&c.* non autem illa necessitas qua simpliciter necesse est aliquid fieri non repugnante, sed immutabiliter volente voluntate. Mira videbitur Scholasticis hæc doctrina, & tamen est indubitata.

Et cap. 24. Opus esse laude vel vituperio dignum, meritorium vel deme-

LEs Iansenistes dans leur Libelle allegué nous renuoyent à Iansenius *liure 6. de la grace du Sauueur ch. 6. & au suiuant, & au ch. 24. & au liure 8. de la grace du Sauueur chap. 4. & 14. pour y lire & y voir les preuues innombrables, par lesquelles Iansenius prouue inuinciblement, que la seule exemption de la contrainte est necessaire pour la vraye liberté, & par consequent necessaire pour meriter.*

Voyons donc le chapitre 6. cité par les Iansenistes. Il a pour titre, que *a liberté est de deux sortes, l'vne est de contrainte, l'autre est simple ; la premiere repugne à la liberté, mais non pas la seconde ;* Puis dans le corps du chapitre, il dit que *la premiere est tousiours opposée à la volonté, & repugne capitalement à la liberté, mais non pas la seconde necessité, par laquelle,* dit-il, *il est simplement necessaire qu'vne chose se fasse, sans que la volonté y repugne ou y resiste.* Puis il adiouste, que *cette doctrine paroistra bien nouuelle & bien estrange à nos Scolastiques, quoy qu'elle soit indubitable.*

Et dans le chapitre 24. il dit que *l'œuure est digne de blasme ou de loüange, qu'elle est meritoire ou demeritoire dés-là qu'elle est volontaire, de bon gré, & sans contrainte, quoy qu'elle soit determinée à vne seule chose. De maniere,* dit-il ailleurs, dans le 8. liure de la grace du Sauueur ch. 4. *que la volonté touchée de la grace de Dieu, ne peut estre détournée de la bonne œuure par aucune tentation, ny surmontée par aucune aduersité, en sorte que le declin actuel de la volonté, & sa victoire se puissent rencontrer ensemble auec la grace de Dieu,*

Appliquez maintenant ces textes de Iansenius à la 3. Proposition censurée cõposée de deux parties, dont l'vne regarde *le merite & le demerite* des hommes d'apresent, qui sont *dans l'estat de la nature décheuë*; l'autre, quelle doit estre cette *liberté requise pour meriter ou demeriter*, que la Proposition censurée dit estre *vn affranchissement de la contrainte, & non pas de la simple necessité;* Et vous trouuerez que Iansenius a compris ces deux parties, & les a renfermées dans vne seule proposition, quand il a dit, que *l'œuure est meritoire ou demeritoire dés là qu'elle est volontaire & affranchie de la contrainte, quoy qu'elle soit determinée à vne seule chose*, c'est à dire bien qu'elle se fasse necessairement. Car dans le chap. 6. du liure 6. il s'explique, *& appelle simple necessité, la determination de la volonté à vne seule chose.* Il est donc euident que la 3. Proposition censurée, quant au sens entier & parfait, se trouue dans Iansenius, & qu'elle en a esté extraite.

ritorium ex hoc quòd est voluntarium, spontaneum, non coactum, tametsi sit determinatum ad vnum. *Lib. 8. de grat. Ch. cap. 4.* Vt voluntas ab opere bono nulla tentatione declinari, nulla aduersitate superari possit, ita videlicet vt actualis declinatio voluntatis, & superatio vnà cum Dei gratia iungeretur.

IV. PROPOSITION.

Les Semipelagiens admettoient la necessité de la grace interieure preuenante pour toutes les bonnes œuures, mesme pour le commencement de la Foy; & ils estoient heretiques, en ce qu'ils vouloient que cette grace fust telle, que la volonté humaine pust luy resister ou luy obeïr.

LEs Iansenistes dans leur libelle cy-deuant allegué nous disent que nous *trouuerons dans le liure 8. de l'Histoire Pelagienne, depuis le 6. chap. iusques à l'onziesme, quelle a esté sur ce suiet la doctrine & le sentiment de Iansenius*. Voyons donc ce qu'il en dit dans ce chapitre 6. qui a pour titre, *La grace generale de ceux de Marseille* (qui estoient Semipelagiens) *est vne grace actuelle, interieure & suffisante pour croire*. Puis dans le corps du ch. *I'estime* dit-il, *qu'il faut tenir pour vne chose indubitable, qu'outre la nature & la predication de l'Euangile, les Prestres de Marseille ont reconnu la necessité d'vne grace veritable, interieure & actuel-*

Cap. 6. lib. 6. de grat. Salua. Illam vocat necessitatem determinationis ad vnum.

Proposit. de gratia cap. 30. Quid verò Inserit de isto argumento Cornelius Episcopus, fusissimè reperies à 6 ad 11. caput lib. 8 de historia Pelagiana.

Iansen. eodem c. 6. cui titulus. Gratia generalis Massiliensium, est actualis, interna & sufficiens ad credendum.

Indubitatum esse debere sentio, quòd Massilienses

le, mesme pour la foy commençante, laquelle ils soûmettent aux forces de la volonté & de la liberté humaine: en sorte que la volonté de l'homme décheu a la puissance libre de croire, de maniere toutefois que cette grace n'aide que ceux qui croyent.

Il dit mesme que *ces Semipelagiens admettoient la necessité de la grace interieure pour vouloir:* d'où il conclud en suite que *l'erreur des Semipelagiens estoit en ce qu'ils croyoient qu'il nous estoit resté quelque chose de cette premiere liberté qui estoit en Adam, par laquelle de mesme qu'il pouuoit operer le bien auec perseuerance, ainsi l'homme décheu peut au moins croire s'il veut, mais non pas sans le secours de la grace interieure, de laquelle l'vn & l'autre auoit besoin, & dont l'abus ou le bon vsage estoit laissé en la puissance & en la liberté de l'vn & de l'autre*, c'est à dire de l'homme sain & de l'homme malade. *Car les Semipelagiens de Marseille n'excluoient point la grace interieure qui aidoit la volonté à croire; & certes ils n'ont iamais rien dit de plus formel.* Il rebat la mesme chose au chapitre huitiéme, quand il explique en quoy proprement estoit l'erreur des Marseillois.

Appliquons maintenant les textes citez de Iansenius à la quatriéme Proposition censurée composée de deux parties, dont la premiere dit *qu'ils admettoient la necessité d'vne grace interieure pour vouloir*, & partant pour toutes les bonnes œuures, puisqu'il les faut vouloir auant que de les faire, *mesme pour le commencement de la foy:* & la seconde dit *que leur erreur, estoit en ce qu'ils vouloient que la grace fust telle qu'on pust luy resister, ou luy obeir.*

La premiere est en termes formels dans les textes de Iansenius, quand il a dit que ces *Semipelagiens reconnoissoient la necessité d'vne grace veritable, interieure, & actuelle, non seulement pour vouloir, mais encore pour le commencement de la foy.* La seconde, quand il a dit parlant de cette grace interieure & necessaire au moins pour croire, que *son abus ou son bon vsage estoit laissé en la liberté de la volonté; Et que c'est en cela qu'ils erroient,* ou qu'ils estoient heretiques. Il est donc manifeste que la 4. Proposition censurée se trouue dans Iansenius, dans le mesme sens qu'elle existe,

præter prædicationem atque naturam, veram etiam, & internam, & actualem gratiam, ad ipsam etiam fidem, quam humanæ libertatis & voluntatis adscribunt viribus, necessariam esse fateantur: Ita vt voluntas lapsorum hominum credendi habeat liberam potestatem, sic tamen vt eos eadem gratia iuuet credentes tantùm.

Neque hanc ipsam gratiæ necessitatem ad ipsum velle Massilienses diffitentur.

In hoc ergo propriè Massiliensium error situs est, quòd aliquid primææ libertatis reliquum putant, quo sicut Adam si voluisset, poterat perseueranter operari bonum; ita lapsus homo saltem posset credere si vellet, neuter tamen absque interioris gratiæ adiutorio, cuius vsus vel abusus relictus esset in vnius cuiusque arbitrio & potestate.

Non enim exclusisse Massilienses ab illa credendi voluntate, gratiam quæ interius adiuuaret, etsi nihil ipsi expressius dicerent.

& presque dans les mesmes termes, & qu'elle en a esté tres fidelement extraite quant au sens.

V. PROPOSITION.

C'est vne erreur des Semipelagiens, que de dire que Iesus-Christ est mort, ou qu'il a respandu son sang pour tous les hommes en general sans exception.

LEs Iansenistes dans leur libelle cy-dessus allegué, pour nous monstrer que Iansenius a tres-doctement & tres-amplement expliqué cette doctrine, nous renuoyent *au 3. liure de la grace du Sauueur chap.* 20. *dans lequel*, disent-ils, *on examine cet endroit de l'Apostre, où il est dit, que Dieu veut que tous les hommes soient sauuez.* & dans le corps de ce chapitre pour condamner tous les Docteurs Catholiques, qui expliquant ce passage disent, qu'*il se doit entendre generalement de tous les hommes*, Iansenius aioûte que *les ennemis de la grace tels qu'ont esté les Pelagiens & les Semipelagiens, l'ont interpreté de la sorte, & que Pelage a esté la source & la fontaine de cette erreur: & le premier pretugé de cette fausse explication, est*, dit-il, *qu'elle a toûiours pleu aux ennemis de la grace.*

Puis dans le chapitre suiuant, *Selon la doctrine des anciens*, dit Iansenius, *Iesus-Christ n'est point mort, & n'a point souffert generalement pour tous les hommes, & n'a point répandu son sang pour eux tous sans exception. Au contraire ils nous ont enseigné qu'il falloit reietter ce sentiment comme vne erreur directement éloignée de la Foy Catholique.* Obseruez que la fourbe de Iansenius quand il veut établir vne erreur, est tousiours de dire que son sentiment erronée est la doctrine des anciens. Il conclud enfin ce chapitre par ces paroles, *Donc quiconque perit, celuy-là n'a point esté racheté par le sang de Iesus-Christ.*

Or ie n'estime pas qu'il faille icy vne grande atten-

Proposit. de gratia pag. 25. Claré patet Christum Dominum non esse mortuum pro omnibus, *&c.* Yprensis Episcopus *lib.* 3. *de gratia Saluat. cap.* 20.

Cui titulus. Expenditur locus Apostoli, (Deus omnes homines vult saluos fieri.) Istum locum de omnibus omnino hominibus intelligi volunt. Sic eum (locum) explicuerunt hostes gratiæ, Pelagiani, & Semipelagiani; fons enim erroris istius Pelagius. Hoc est primum expositionis istius (loci) non leue præiudicium, quòd omnibus de gratia errantibus placeat.

Ibid. cap. 21. Nec enim iuxta doctrinam antiquorum, pro omnibus omnino Christus passus aut mortu' est, aut pro omnibus omnino tam generaliter sanguinem fudit, cùm hoc potiùs tanquam errorem à fide Catholica abhorrentem doceant esse respuendum. Quisquis ergo perit.... non ille Christi sanguine redemptus est.

tion pour appliquer les textes de Iansenius, à la Proposition censurée, pour monstrer leur conformité dans le sens & dans les termes : puisque ces textes disent tout franc que *c'est vne erreur Pelagienne & Semipelagienne, contraire à la Foy Catholique, de dire que Iesus Christ est mort, ou qu'il a répandu son sang pour tous les hommes generalement sans exception.* Donc cette Proposition a esté tres-fidelement extraite de Iansenius, quant aux termes & quant au sens.

Que si Messieurs les Iansenistes ne sont pas assez satisfaits des textes, dont ils nous ont seulement cité les liures & les chapitres, ie puis leur en fournir vn si grand nombre d'autres qu'ils en seront fatiguez; ce que ie n'ay pas voulu faire dans cet Ouurage, pour le rendre plus net, plus clair, & plus succint.

Il est donc vray que les cinq Propositions censurées sont de Iansenius, qu'elles en ont esté tres-fidelement extraites, & qu'elles ont esté censurées au sens de Iansenius par la Bulle d'Innocent X. selon le celebre Iugement des Euesques de France, qui nous est marqué dans leur Lettre Circulaire. Il est encore vray que le recueil que i'en fais, merite d'autant plus d'estre receu de tous les Fideles, & mesme respectée de tous les Iansenistes, que la preuue que i'en donne est inuincible de la part de deux chefs qui la rendent inébranlable. Le premier est l'aueu public, & la propre confession de nos Aduersaires, puisqu'eux-mesmes nous ont cité les liures & les chapitres, où i'ay tiré les cinq Propositions censurées des propres textes de Iansenius.

Le second est la verité mesme, qui ornée de toutes ses lumieres ne peut plus estre combatuë par ceux qui ont des yeux, puisqu'il n'y a qu'à ouurir le Liure de Iansenius, pour voir si ie n'ay pas esté tres-fidele dans le rapport que i'ay fait de ses textes.

Iugez par cet échantillon, quelle est la hardiesse & la foy de Monsieur Arnauld, qui n'appuye le fond de sa seconde Lettre, que sur ce qu'il dit que luy & ses amis ont leu & releu auec soin le Liure de Iansenius, & qu'ils n'y ont point leu les cinq Propositions, ny quant au sens, ny quant aux termes : mais ma Réponse à la seconde Lettre de cet Auteur vous reuelera bien d'autres mysteres.

xj. 8bre. 1655

{173.}

I. OBSERVATION.

Que les Jansenistes soustiennent hautement que les Propositions censurées ne sont point dans Jansenius.

MONSIEVR ARNAVLD dans sa premiere *Lettre*, dit que *ces Propositions sont heretiques*, & qu'il *n'y a point de Docteur qui les ait soustenuës & defenduës pour Catholiques;* Et dans sa *seconde Lettre* il declare que luy & les siens sont *prests de se rendre, aussi-tost qu'on leur aura fait lire ces propositions dans le Liure d'où l'on dit qu'elles ont esté tirées*, & que luy & ses amis *ne les ont point leuës dans Iansenius:* Mais nous verrons s'il tiendra sa parole. Il dit encore & *declare qu'il les condamne sans y chercher aucune explication, & qu'il les condamne dans le sens propre, naturel & litteral que portent les termes.*

Dans la 1. Lettre de M. Arnauld, p. 5. — *2. Lettre page 150.* — *2. Lettre ibid.* — *Page 138.*

Dans vn autre Ouurage intitulé, *Memoire sur le dessein*, &c. il dit qu'on *a desia declaré & qu'on declare encore par cet écrit, qu'on ne soustient & qu'on ne soustiendra iamais ces propositions condamnées, sous pretexte de quelque sens que ce soit;* Il adioûte que *pour dire auec quelque couleur que ces Propositions ont esté condamnées dans le sens de Iansenius, il faut auoir prouué auparauant qu'elles sont tirées de Iansenius*, &c. Qu'il *est plus clair que le iour au moins des quatre dernieres, qu'elles ne sont point de Monsieur d'Ypre;* Et qu'enfin *condamner le sentiment de Iansenius touchant ces Propositions, ce seroit condamner tout le contraire des Propositions mesmes.*

Memoire sur le dessein qu'ont les Iesuites, pag. 1. — *Ibid. pag. 2. & 3.* — *Ibid. pag. 4.*

Dans vn autre Ouurage intitulé, *Response au Pere Annat*, Monsieur Arnauld dit que *cette verité de fait, qui est que les propositions condamnées ne sont point de Monsieur d'Ypre, ne peut estre contestée par aucune personne habile & equitable, qui aura pris la peine de l'examiner;* Et qu'*on fait voir dans la premiere partie de cet ouurage, que les cinq Propositions ne sont point de Monsieur d'Ypre, & que tout le contraire se trouue dans le liure de ce Prelat.*

Réponse au P. Annat dans l'Auantp.

3.11.

Ibid. 1. partie p. 7. Il dit encore qu'il *est aisé de monstrer sur chacune de ces Propositions, qu'il enseigne tout le contraire dans son Liure:* Il adjoûte qu'*il n'y eut iamais de plus insigne fausseté, que d'auoir voulu faire croire aux plus illustres personnes de l'Eglise, que les cinq Propositions, &c. ont esté tirées du Liure de Monsieur d'Ypre;* D'où Messieurs les Iansenistes concluent que *les cinq Propositions ne sont point de Iansenius.* Mais consultons ce qu'ils diront dans la seconde obseruation, pour voir en suite s'ils sont bien d'accord auec eux-mesmes; Car c'est proprement dans la contradiction des Nouateurs, que l'esprit de l'heresie se découure, & s'est tousiours manifesté à l'Eglise, ainsi que tous les S S. Peres nous l'enseignent.

Ibid. part. 2. p. 1.

II. OBSERVATION.

Que les Docteurs Iansenistes, & sur tout Monsieur Arnauld, auant que ses deux Lettres eussent paru, ont soûtenu que les cinq Propositions estoient de Iansenius, & qu'elles estoient Catholiques.

Apol. pour les SS. Peres dans la Pref.

MONSIEUR ARNAULD dans son *Apologie pour les SS. Peres*, parlant des cinq Propositions, dit que *quiconque veut les censurer, veut opprimer la verité qui doit estre aussi inuiolable que Dieu mesme:* Et dans vn Libelle qu'il a intitulé, *Considerations sur l'entreprise de Monsieur Cornet*, lors qu'il parle de la premiere des cinq Propositions censurées, il dit qu'*on l'a tirée quasi mot à mot d'vn endroit du Liure de Monsieur l'Euesque d'Ypre;* donc elle y est par la confession de Monsieur Arnauld; donc elle est soûtenuë & defenduë par Iansenius & par ses Disciples. Il dit encore que *les propositions sont vrayes en vn sens, & fausses en vn autre*, & que *cela se voit clairement dans la premiere proposition*, &c. *laquelle ne veut dire autre chose sinon que les iustes sont quelquefois si affoiblis, qu'ils ne peuuent faire les choses qui sont de leur deuoir, encore qu'ils sçachent que Dieu le commande.*

Considerat. sur l'entreprise, pag. 15.

Ibid. pag. 22.

Il aioûte que l'*Ecrit par lequel les nostres s'estoient d'eux-mesmes donné la hardiesse d'informer le Pape, pour le porter à la condamnation des plus saintes & des plus constantes maximes de la grace, ayant esté refuté de point en point par vne solide réponse, & toutes ces Propositions qu'ils taxoient d'erreur & d'heresie, soûtenuës puissamment contre leurs accusations friuoles & impertinentes, ils veulent obtenir par cabale, ce qu'ils n'ont pas le courage de defendre la plume à la main.* Ibid. p. 38.

Vous voyez donc, Monsieur Arnauld, que *ces Propositions que nous taxions d'erreur & d'heresie*, & que le Pape a depuis condamnées d'heresie, ont esté fortement soûtenuës par vous & par les vostres; pourquoy donc auez-vous dit tant de fois dans vostre *premiere & vostre seconde Lettre*, que vous & les vostres ne *les auez iamais soûtenuës*, que vous les auez *tousiours condamnées d'heresie*, & que *vous n'estes iamais tombez en aucune erreur?* Ne vous auois-ie pas obiecté ces choses dans ma *Réponse* à vostre premiere *Lettre?* Pourquoy n'y auez-vous pas répondu? 1. Lettre de Monsieur Arnauld, p. 12. & p. 20.

Dans vn autre Libelle intitulé, *Memoire sur le dessein*, &c. fait depuis la Bulle, vous nous dites que *ce seroit violer toutes les regles de l'Eglise, que de vouloir determiner* (comme a fait Innocent X. dans son dernier *Decret*, & les Euesques de France dans leur *Lettre Circulaire*) *que ces Propositions sont condamnées dans le sens de Iansenius:* Ainsi le Pape dans son Decret, & les Euesques de France dans leur celebre Iugement *ont violé toutes les regles de l'Eglise*, selon Monsieur Arnauld, parce qu'*ils ont declaré que les Propositions sont condamnées dans le sens de Iansenius.* Memoire sur le dessein p. 4.

Certes, Monsieur, si i'estois assez eloquent, ie me mettrois en deuoir de vous faire icy vn beau remerciment pour le Pape, & pour les Euesques de France. Et ie voy bien que vous estes tout prest de dresser pour eux de beaux panegyriques, pourueu qu'ils soient de vostre auis; mais quelque soûmission que vous disiez auoir pour le Pape, ie puis dire sans estre Prophete, que s'il censure iamais vostre *seconde Lettre*, vous ne manquerez pas de recuser sa censure, ou plûtost de la censurer; car vostre esprit

Ibid. pag. 5.

Rép. au P. Annat dans l'Auantp.

Considerat. sur l'entreprise, p. 37.

S. Augustin victorieux de Caluin. Conf. 1 chap. 4. pag. 13.

est trop sublime & trop diuin, pour auoir des iuges sur terre qui ne soient pas de vostre auis.

Mais poursuiuons nostre dessein. Vous dites encore dans le mesme Libelle, que *les sentimens de Iansenius sur le suiet de ces propositions, sont tellement les mesmes que ceux de saint Augustin, que tous les habiles Theologiens reconnoissent, que les points capitaux de la doctrine de ce Pere auroient esté condamnez sous le nom de Iansenius*, & que *c'est particulierement aux Euesques à en iuger.* C'est ce qu'ils ont desia fait, Monsieur Arnauld, ainsi que vous verrez dans ma *Réponse*; mais d'où vient qu'au lieu d'obeïr & de vous soûmettre au iugement de ceux, que vous auiez choisis pour vos arbitres & vos iuges, vous censurez leur iugement, & les traitez auec tant d'outrages & d'iniures, comme on verra dans ma *Réponse?*

Et dans vn autre Ouurage intitulé, *Réponse au P. Annat*, fait depuis la Bulle & censuré, vous dites, Monsieur Arnauld, qu'*on blesse l'honneur du Pape, en luy imposant d'auoir condamné par sa Constitution comme des blasphemes & des heresies, des veritez tres-saintes & tres-Catholiques.* Mais qu'a-t-il *condamné d'heresie*, si ce n'est les cinq Propositions? donc selon vous elles estoient & sont encore *des veritez tres-saintes & tres-Catholiques.*

Dans vn autre Libelle, Monsieur Arnauld parlant de la premiere proposition, dit qu'*on s'attache auec plus d'ardeur à cette proposition, comme la croyant la plus exposée à la calomnie, au lieu que c'est l'vne des plus fortes & des plus conformes à l'Ecriture & aux principes de la Foy & de la pieté de l'Eglise.* Et c'est peut-estre pour cela que vous la renouuellez dans vostre *seconde Lettre*, ainsi que vous le trouuerez obserué dans le corps de ma *Réponse*.

Et dans le Liure prodigieux intitulé, *Saint Augustin victorieux de Caluin*, façonné dans le Port Royal, pour répondre au *Secret du Iansenisme*, qui n'estoit qu'vn liuret qui leur a fait tant de peine, Monsieur Arnauld n'a-t-il pas defendu & soûtenu les propositions censurées? Car aprés qu'il a dit, qu'*il y a des hommes qui n'ont point de graces suffisantes pour se sauuer, s'ensuit-il pas*, dit-il, *qu'ils ne peuuent accomplir les commandemens diuins, & qu'en méme temps ils se trouuent engagez dans vne necessité de pecher?* Il aioûte dans la 3. Conference, page 17. que *ceux qui pechent témoignent qu'ils n'ont pas eu la grace victorieuse ou efficace* (car c'est la mesme selon eux) *auec laquelle ils n'auroient pas peché; & n'ayant pas eu cette grace, ils sont demeurez dans l'impuissance d'obseruer les Commandemens de Dieu:* Puis il aioûte, *Comment donc peut-on pretendre que Iesus-Christ soit mort pour tous?*

Il a soûtenu la seconde proposition, lors qu'il a dit que *les Peres ne parlent que d'vne grace efficace, puisqu'ils n'en connurent iamais d'autre; d'où vient que lors qu'ils disent que la grace diuine n'est pas accordée à tous les hommes, ils n'opposent point cette grace à vne autre grace, comme s'il y en auoit vne qui fust donnée à tous les hommes, & vne autre* qui *ne le fust pas.* Et parce que selon Monsieur Arnauld, & selon les Iansenistes, *la volonté ne resiste iamais à la grace efficace,* & qu'*il n'y a point d'autre grace de Iesus-Christ, que cette grace efficace & victorieuse:* il est de Foy selon Monsieur Arnauld, que *dans l'estat de la nature corrompuë, on ne resiste iamais à la grace,* ou que la volonté ne la reiette iamais; ce qui toutefois a esté condamné d'heresie par la Constitution d'Innocent X. *Ibid. p. 14. & 15.*

Il embrasse la 2. la 3. & la 5. des propositions censurées, pour les defendre dans vne seule periode, qui dit que *nostre volonté ne laisse pas d'estre libre, pour estre meuë par vne grace qui la determine efficacement à son action, sans la laisser dans l'indifference d'agir ou de ne pas agir* (car il dit par tout comme au chap. 4. de la premiere Conference, que *la liberté n'exclut que la contrainte) & que Dieu ne veut que le salut des éleus, comme estant les seuls qui reçoiuent de sa part des moyens suffisans pour se sauuer.* *Ibid. 3. Conf. chap. 5. pag. 18.*

Mais dans leur Libelle Latin, intitulé *Propositiones de gratia*, Monsieur Arnauld n'a-t-il pas entrepris de nous monstrer que les cinq Propositions sont de Iansenius, & qu'elles s'y rencontrent dans les liures & les chapitres qu'il a citez, ainsi qu'il se verra dans le corps de ma *Response*, & plus clairement encore dans les cinq Propositions que ie tire à present de Iansenius, selon les liures & les chapitres qu'ils nous ont indiquez dans ce Libelle, quoy que ie puisse, s'ils le veulent ainsi, leur en produire encore vne foule d'autres textes qu'ils n'ont pas citez dans leurs Liures.

Donc il est vray, Monsieur Arnauld, que vous les auez soustenuës pour *Catholiques*, & pour *les plus saintes & les plus constantes maximes de la grace;* donc il est faux que vous *ne soyez iamais tombez en aucune erreur*, ainsi que vous le disiez si faussement dans vostre 1. *Lettre*. Mais voyons dans l'obseruation suiuante, si vous estes constant à vous mesme, & si vos contradictions ne deuroient pas vous enseuelir dans vne confusion *horrible*, mais encore plus *pitoyable*. Excusez moy, si i'emprunte ces beaux termes du Dictionaire du Port Royal pour exprimer ma pensée.

III. OBSERVATION.

Contradictions de Monsieur Arnauld.

Iob. cap. 5. Qui dissipat cogitationes malignorum, ne possint implere manus eorum quod cœperant; Qui apprehendit sapientes in astutia eorum, & consiliũ prauorum dissipat; Per diem incurrent in tenebras, & quasi in nocte, sic palpabunt in die.

Greg. exposit. mor. in 5. cap. Iob. l. 6. c. 14. Per diem tenebras incurrunt, quia in ipsa veritatis præsentia, perfidiæ errore cæcati sunt.

L'Esprit de Dieu dans la Sainte Escriture parlant des superbes, dit que *Dieu dissipe leurs pensées, pour les empescher de recueillir le fruit de leurs mauuais desseins; qu'il surprend les Sages mondains dans la ruse de leur propre conduite, pour destruire & renuerser la malignité de leurs conseils, de sorte*, dit-il, *qu'en plein iour ils se trouueront dans le milieu des tenebres, & dans le plus beau midy des lumieres ils marcheront en tastonnant comme dans vne pleine nuit :* Sur quoy le grand S. Gregoire fait cette reflexion au suiet des Nouateurs, *Ils marchent*, dit-il, *dans le iour comme dans des tenebres époisses, parce qu'en la presence de la verité qui est toute lumiere, ils sont aueuglez par la perfidie de leur propre erreur.*

Or l'aueuglement de l'esprit d'vn Nouateur, & ses

tenebres, ſe rendent viſibles & palpables aux yeux de tous, par ſes propres contradictions dans les choſes de la Foy, declarant en vn temps par ſa plume que des choſes ſont Catholiques, & declarant en vn autre par la meſme plume que les meſmes choſes ſont heretiques, quoy qu'elles demeurent touſiours en elles, les meſmes qu'elles eſtoient auparauant.

C'eſt ce qui eſt arriué à Meſſieurs les Ianſeniſtes, & principalement à Monſieur Arnauld au ſuiet des cinq Propoſitions cenſurées; Ce qui paroiſt euidemment par la reflexion qu'vn chacun peut faire ſur les choſes rapportées, dans la premiere & dans la ſeconde obſeruation, par l'antitheſe & l'oppoſition de leurs ſentimens contraires, pour ne pas dire contradictoires.

Car il a dit dans la ſeconde obſeruation, que *les cinq Propoſitions ſont Catholiques*, & que *quiconque veut les cenſurer, veut opprimer la verité qui doit eſtre auſſi inuiolable que Dieu meſme;* & il a dit dans la premiere, ie veux dire dans ſes *deux Lettres*, que ces *meſmes Propoſitions ſont heretiques*.

Il a dit dans la ſeconde obſeruation parlant de la premiere de ces Propoſitions, qu'elle *eſt tirée quaſi mot à mot d'vn endroit du liure de Monſieur d'Ypre;* & il dit dans l'obſeruation precedente, que luy & ſes amis *ne les ont iamais leuës dans Ianſenius :* Au moins deuoit-il en excepter la premiere.

Il a dit dans la premiere qu'il *eſt preſt de ſe rendre, auſſi toſt qu'on luy aura fait lire ces Propoſitions dans le Liure de Ianſenius;* & il a dit dans la ſeconde, & prouué fortement & veritablement qu'elles ſont de Ianſenius : Il a meſme cité les liures & les chapitres, d'où ie les ay tirées & extraites, comme vn fruit que i'ay cueilly dans le iardin des Ianſeniſtes, pour le preſenter au public. Ne ſont-ce pas là des tenebres horribles, & plus effroyables que celles d'Egypte? Car celles-cy n'aueugloient que la veuë corporelle, & celles de Monſieur Arnauld aueuglent les yeux de l'eſprit.

Il a dit dans la premiere, que iamais *aucun Docteur*

n'auoit tenu ces Propositions pour Catholiques, & qu'il *n'y eut iamais de faussetéplus insigne, que d'auoir voulu faire croire aux plus illustres personnes de l'Eglise, que les cinq Propositions ont esté tirées de Iansenius*: Et il nous apprend dans la seconde, que luy & les siens ont defendu ces mesmes Propositions comme Catholiques, & soustenu contre nous qu'elles estoient de Iansenius; Ce qu'ils ont prouué par les Liures, & par les Chapitres qu'ils nous en ont citez, ainsi que ie le fais voir au public.

Enfin Monsieur Arnauld a dit dans la premiere obseruation, qu'il a *declaré & declare encore qu'il condamne ces Propositions sans y chercher aucune explication que ce soit, & qu'il les condamne dans le sens propre, naturel & litteral que portent les termes*; Et il a dit dans le cahier à 3. colomnes, qu'*il les defend à l'egard d'vn sens legitime, & qu'il les defendra toûiours au sens qu'il les a exposées*. Voyez comme Monsieur Arnauld est constant à soy-mesme, & quelle est la foy de ses escrits, & l'honneur de sa belle plume.

Distinctions abregées p. 4. & 10.

IV. OBSERVATION.

Que lors que l'Eglise examine des propositions en matiere de Foy, elle s'attache plus au sens, qu'aux paroles ou aux termes de ces propositions.

TOVTE proposition est composée de deux choses, l'vne est la liaison & la contexture des termes sous lesquels elle est exprimée; l'autre est le sens ou la chose qu'elle signifie; Celle-cy est cõme l'ame de la proposition; celle-là n'en est que l'écorce & le corps. Et comme le corps en l'homme n'est que l'organe par lequel l'ame s'explique, & manifeste aux autres sa pensée; ainsi les termes d'vne proposition, sont comme ses organes, qui nous ouurent & nous manifestent le sens qu'ils contiennent & embrassent dans leur liaison, sous leurs langes & leurs petites enueloppes.

Delà

Delà vient aussi que les anciens Conciles assemblez pour les choses de la Foy, & pour nous faire connoistre la conformité de la doctrine des SS. Peres qui les auoient precedez, rapportoient ensemble tous les textes de ces anciens Peres, sur le suiet qui se traitoit. Et bien que dans ce grand nombre de textes, il n'y en eust pas deux qui se ressemblassent quant aux termes, & au tissu des paroles, sous lesquelles ils estoient enoncez, si est-ce que l'identité de sens s'y rencontroit: Tellement que c'est au sens des propositions que l'Eglise s'attache, pour monstrer leur doctrine conforme sur le point dont il s'agit, & non pas aux termes ny aux paroles de ces propositions. Ils faisoient encore la mesme chose des textes des heretiques, pour monstrer leur conformité dans l'erreur, comme il paroist dans ces anciens Conciles. *Concil. Nicæn. II. general. VII. act. 4. & 5.*

Cette verité demeurant pour constante & indubitable entre les Doctes, ie dis pour venir à nostre suiet, & descendre au fait de Iansenius, & des Propositions que i'ay extraites de son Liure, conformément aux chapitres qui nous auoient esté indiquez par les Iansenistes, qu'il n'est pas necessaire que les propositions extraites de son Liure, pour estre dites conformes aux cinq Propositions censurées, & pour les condamner & les declarer heretiques, qu'il n'est pas, dis-ie, necessaire qu'elles soient conceuës dans les mesmes termes, que ceux dans lesquels les Propositions censurées sont enoncées dans la Bulle; mais il suffit qu'elles contiennent le mesme sens, & la mesme doctrine que les Propositions censurées; ce qui paroist tres-euident par l'extrait fidele que i'en ay fait.

Or ie puis dire que la plusspart de celles que i'ay tirées, sont presque en mesmes termes, que ceux des Propositions censurées; ce qui fait qu'on ne peut plus douter qu'elles ne soient dans Iansenius, & qu'elles n'ayent esté condamnées par la Bulle dans le Liure de Iansenius, & en tous les autres où elles se pourront rencontrer: puisque l'heresie est vn monstre mortel, qui doit estre fuy ou euité également dans tous les lieux où il se rencontre ; & que de vouloir dire par les Iansenistes qu'elles ne sont pas toutes dans Iansenius, en mesmes termes qu'elles sont contenuës dans la Bulle, est vne puerilité pitoyable, & vne ignorance grossiere en des personnes sçauantes, qui ne doiuent pas ignorer le procedé & la conduite des anciens Conciles, dans l'examen des propositions d'vn Liure, pour iuger si elles sont orthodoxes ou heterodoxes.

Et comme pour faire ce iugement, ils ne se sont arrestez qu'au sens & non pas aux paroles, nous ne sommes obligez en toute rigueur, qu'à iustifier que le sens des propositions du Liure de Iansenius, est le mesme que le sens des Propositions censurées, quoy que d'ailleurs elles s'accordent presque toutes dans les termes aussi bien que dans le sens. Il ne nous reste sur ce suiet qu'vne seule difficulté à vaincre, qui dans la pensée des Iansenistes, ainsi que ie le iuge, leur doit seruir de port de seureté & d'azile, ou plustost d'éuasion, de fuite, & de derniere retraite ; ce qui m'oblige de la preuenir & la détruire par l'obseruation suiuante.

V. OBSERVATION.

De la qualité des consequences qu'vn Docteur particulier tire par son raisonnement des textes d'vn S. Pere, & à qui elles appartiennent.

IL est du raisonnement de l'esprit des hommes sur vn mesme principe, comme des voyageurs de differentes nations, qui s'estant ramassez dans les Indes, & rassemblez dans vn mesme vaisseau pour faire voile, & reuenir en l'Europe, se separent tous au mesme moment qu'ils ont pris terre en quelque port de l'Europe. Car de mesme que ceux-cy sortent tous d'vn mesme vaisseau, & que le terme du depart ou du debarquement leur est commun à tous; si est-ce que le terme du repos où ils tendent, & s'acheminent, n'est pas moins different entre eux, que ces personnes sont differentes entre elles de nations & de prouinces: Ainsi ceux d'entre les hommes qui raisonnent sur vn mesme principe, ou sur vn mesme texte, sont d'vn esprit si different, que bien que le progrez de leur esprit ait vn mesme principe pour terme de depart; si est-ce toutefois que le terme de repos où ils arriuent par leurs consequences particulieres, n'est pas moins different, que les lumieres de leurs esprits sont diuerses entre elles.

Delà vient aussi qu'en matiere de Foy, ces consequences n'ont point d'autorité ny de poids en la bouche d'vn Docteur particulier; quoy qu'en celle d'vn Concile Oecumenique, elles ayent autant d'autorité que la parole diuine; non pas entant que ces consequences ou ces decisions sortent de l'esprit de ces hommes assemblez, car en eux-mesmes ils ne sont pas infaillibles, mais entant qu'elles procedent de l'esprit de Dieu qui les assiste, & les éclaire de sa lumiere infaillible.

Ces choses obseruées, ie dis en premier lieu pour preuenir la fuite, & l'euasion des Iansenistes, que s'ils nous disent que les Propositions extraites du Liure de Iansenius, ne sont que des consequences qu'il tire des textes de S. Augustin; & qu'ainsi elles n'appartiennent point à Iansenius, mais à S. Augustin: on respond que cela n'est pas receuable; parce qu'eux mesmes nous ont declaré dans leurs Liures, qu'en matiere de Foy les consequences qu'vn chacun tire de la sainte Escriture ou d'vn S. Pere, sont de nulle consideration, puisqu'vn chacun, disent-ils, en peut tirer des conclusions telles qu'il luy plaist selon sa fantaisie: & d'ailleurs comme il leur est impossible de nous lire aucune des cinq Propositions censurées dans S. Augustin, & qu'on les lit dans Iansenius, il est euident qu'elles appartiennent à Iansenius, & non pas à S. Augustin.

Considerations sur l'entreprise p. 16.

Memoire sur le dessein p. 2.

Car de mesme que les fausses consequences que les

heretiques tirent de la sainte Escriture, appartiennent & sont propres aux heretiques, & non pas à la sainte Escriture; ainsi les consequences heretiques & censurées que Iansenius a tirées mal à propos des textes de S. Augustin mal pris & mal entendus, appartiennent, & sont propres à Iansenius & non pas à Saint Augustin; de telle sorte que le remerciment qu'on peut faire à Iansenius sur le suiet des cinq Propositions censurées, que les Iansenistes nous pourroient dire estre des consequences des textes de S. Augustin, est qu'il a esté vn tres-mauuais Logicien, puisque d'vne saine doctrine, il en a tiré des consequences heretiques.

Ie dis en second lieu, que supposé mesme, par impossible, que les consequences que Iansenius tire des textes de S. Augustin, se trouuassent en mesmes termes dans les escrits de S. Augustin, il ne s'ensuiuroit pas necessairement pour cela, que la proposition dans laquelle cette consequence seroit renfermée fust Catholique, & orthodoxe dans Iansenius, quoy qu'elle fust orthodoxe dans S. Augustin.

Ma proposition est hardie, mais elle est encore plus veritable, car ce texte pourroit auoir vn bon sens dans S. Augustin, & auoir vn mauuais sens dans Iansenius: c'est ce que ie prouue par l'exemple de l'heretique Arius, qui voulant prouuer par la sainte Escriture, que le Fils estoit moindre que le Pere, faisoit sa conclusion d'vne sentence de la sainte Escriture, & dans les mesmes termes qu'elle estoit couchée dans la sainte Escriture, sans aucune addition de termes, & sans aucun changement de paroles; Car il argumentoit ainsi contre les Catholiques: I. C. nous enseigne dans l'Euangile qu'il est moindre que le Pere, si le Pere est plus grand que le Fils; Or le Pere est plus grand que le Fils. On luy nioit cette proposition, il la prouuoit par ces paroles sorties de la bouche de Iesus-Christ, *Mon Pere est plus grand que moy*.

Ioann. 14. cap. Pater maior me est.

Le texte cependant qui luy seruoit de consequence, & qui estoit vne sentence diuine, & la verité mesme dans la ſainte Eſcriture, eſtoit vne ſentence de Demon & la fauſſeté meſme dans la bouche & dans les liures d'Arius, bien qu'il n'y euſt aucun changement de paroles, mais de ſens ſeulement; Car dans la ſainte Eſcriture ces paroles, *mon Pere eſt plus grand que moy*, ont vn ſens veritable, & ne diſent autre choſe, ſinon que Dieu le Pere eſt plus grand que Ieſus-Chriſt quant à l'humanité de I. C. Arius au contraire prenoit ces paroles dans vn ſens faux, entendant que le Fils eſtoit moindre que le Pere quant à la Diuinité qui eſtoit en I. C.

D'où il s'enſuit, que quand meſme les cinq Propoſitions cenſurées dans le Liure de Ianſenius, que cet Auteur & tous les Ianſeniſtes auec Monſieur Arnauld, diſent n'eſtre autre choſe que des conſequences tirées des textes de S. Auguſtin, ſe trouueroient en meſmes termes dans ce S. Pere, il ne s'enſuiuroit pas neceſſairement pour cela, qu'elles fuſſent orthodoxes dans Ianſenius, bien qu'elles fuſſent telles dans S. Auguſtin.

Mais tant s'en faut que cela ſoit, que ie ſouſtiens contre Monſieur Arnauld & contre tous ſes Sectaires, qu'il n'eſt pas en leur puiſſance, de me lire dans les Liures de ſaint Auguſtin pas vne des cinq Propoſitions cenſurées, ainſi que ie le prouue nettement dans vn petit ouurage que i'ay fait ſur ce ſuiet, & qui auroit eſté imprimé, ſans mon abſence de Paris. Or nous verrons à la ſuite ſi les Propoſitions cenſurées ne ſe trouuent pas dans le Liure de Ianſenius, par l'adueu meſme des Ianſeniſtes, & ſelon les liures & les chapitres de cet Auteur, qu'ils nous ont citez dans leur Libelle intitulé, *Propoſitiones de gratia.*

VI. OBSERVATION.

Sept preiugez infaillibles & conuaincans de la fausse doctrine de Monsieur Arnauld, fondez sur la recusation publique & inoüie qu'il a faite des Docteurs de Sorbonne, touchant sa seconde Lettre.

LA recusation publique que Monsieur Arnauld a faite depuis peu, non seulement des six Docteurs deputez de la Sorbonne pour l'examen de sa seconde Lettre, mais encore de tous les autres Docteurs de cette fameuse & illustre Faculté, que toute la terre a tousiours reuerez comme les sages interpretes de la parole de Dieu, des Canons des Conciles, des Decrets des souuerains Pontifes, & de la saine doctrine de l'Eglise, est le premier preiugé infaillible & conuaincant en la personne de Monsieur Arnauld, qui a l'honneur d'estre l'vn des membres de cette Communauté, mais vn membre malade qui trouble auiourd'huy toute l'œconomie de ce grand corps, que dans les œuures qu'il donne tous les iours au public, il ne veut que des admirateurs, & non des examinateurs de ses liures; qu'il ne cherche que des personnes soûmises à ses propres sentimens, & non pas des iuges equitables de ses mauuaises maximes; & qu'enfin sa doctrine nouuelle est vne doctrine pestilentielle & contagieuse, qui par ses frequentes recidiues ne cherche qu'à s'accroistre, & à se rengreger, & non pas à se guerir.

Or qui ne sçait que tous les heretiques n'ayent toûiours recusé les Docteurs Catholiques comme leurs propres parties, & qu'ils n'ayent frayé ce chemin à l'entreprise nouuelle de Monsieur Arnauld, qui paroist si étrange & si scandaleuse, qu'elle remplit auiourd'huy tout le monde d'étonnement, & iette les plus auisez du nouueau party dans vne grande consternation d'esprit, de voir qu'ils ſoient maintenant obligez d'abandonner, par vn peril manifeſte de leur ſalut, la doctrine de la Sorbonne, qui eſt & qui a touſiours eſté la doctrine de l'Egliſe; ou d'abandonner la doctrine nouuelle, qu'ils n'auoient embraſſée que ſur la croyance qu'ils auoient, que la pieté & la foy de Monſieur Arnauld eſtoit non ſeulement ſoûmiſe à cette auguſte Faculté, mais encore protegée, ſoûtenuë & defenduë par ſes celebres Docteurs?

Mais qui doute que les Nouateurs qui ont voulu troubler le repos de l'Egliſe par la fauſſeté de leurs dogmes, n'ayent pallié d'intereſt, de paſſion, de cabale & d'entrepriſe, l'iniuſtice de la recuſation temeraire qu'ils ont propoſée contre leurs Iuges naturels; & que la nouueauté qui rend toutes choſes nouuelles en ces perſonnes coupables, ne leur donne enfin vne ſi haute eſtime d'eux-meſmes par la frequence & le nombre des Sectaires, qui ſans ceſſe les encenſent & les éleuent au deſſus de la teſte des autres, qu'ils ſe perſuadent qu'ils ne releuent plus que de Dieu, & de leur plume, & qu'ils ont pris poſſeſſion d'vne ſouueraineté ſpirituelle & independante, qui les affranchit du iugement de tous les tribunaux, & de toute ſoûmiſſion reguliere & ordinaire à tous les autres hommes.

Le ſecond preiugé infaillible & conuaincant contre Monſieur Arnauld, eſt en ce qu'il viole non ſeulement le droit commun, par la recuſation qu'il a faite de tous les Docteurs de la Compagnie de Sorbonne; mais encore le droit diuin, qui nous a eſté marqué en des caracteres celeſtes, & plus éclatans que les rayons du Soleil, lors que par vn precepte indiſpenſable il nous oblige de rendre raiſon de noſtre foy, quand il eſt neceſſaire, non ſeulement aux Docteurs de l'Egliſe, mais encore à tous ceux en particulier, auſquels la raiſon, la charité, & l'honneur que nous auons d'eſtre Chreſtiens, & de porter le nom de Ieſus-Chriſt ſur le front, nous obligent de manifeſter noſtre foy pour leur propre edification.

1. *Petr. cap.* 3. Parati ſemper ad ſatisfactionẽ omni poſcenti vos rationem de ea quæ in vobis eſt ſpe.

Soyez touſiours preſts (nous dit le Prince des Apoſtres) *de rendre raiſon de voſtre foy à tous ceux qui vous la demanderont, afin de les ſatisfaire ſur le champ dans cette iuſte demande.* Dites-nous donc, Monſieur Arnauld, vous qui faites le contraire, d'où auez-vous receu ce nouueau priuilege, qui vous diſpenſe auiourd'huy de la iuſte rigueur de ce precepte diuin ? Pretendez-vous par vos artifices vous placer au deſſus des loix diuines, de meſme que par voſtre entrepriſe nouuelle & pleine de ſcandale, vous vous eſtes éleué au deſſus des loix ciuiles & ordinaires?

Dans les Inconueniens d'Eſtat, art. 10. *ſect* 2. Luther diſoit qu'õ ne pouuoit preſcrire de loy au Chrêtien.

Ibid. art. 9. *ſect.* 5. *en la perſonne de Donat.*

Ibid. art. 1. *ſect.* 4. *en la perſonne des nouueaux Predicãs dans la Pologne.*

Il eſt vray que quelques heretiques des derniers temps ont pretendu qu'ils eſtoient affranchis de toute loy humaine, pour royale & ſouueraine qu'elle puſt eſtre, & *qu'ils n'auoient point d'autre Roy que Ieſus-Chriſt*, ny *d'autre loy que l'Euangile;* mais ils n'ont iamais dit qu'ils fuſſent exempts des loix diuines du nouueau Teſtament, qui aſſuiettiſſent tous les fideles par vne obligation indiſpenſable, à les garder fidelement. Eſt-ce que voſtre nouueauté & le nombre des hereſies qui paroiſſent dans vôtre ſeconde Lettre, ainſi qu'on le verra par ma *Réponſe*, vous ait acquis par vn droit chimerique le titre authentique, & le priuilege extrauagant d'eſtre diſpenſé de rendre raiſon de voſtre foy, non pas à des particuliers comme moy, qui vous en ay preſſé tant de fois auec tant de raiſon ; non pas à vn illuſtre Clergé d'vne Paroiſſe de Paris, qui vous en a ſollicité auec tant d'inſtance, de modeſtie, & de charité ; mais au corps entier de la Faculté de Theologie de Paris, & à la Compagnie de la fameuſe Maiſon de Sorbonne, dont vous auez l'honneur d'eſtre membre & confrere?

Eſt-ce point, Monſieur le Docteur, que vous pretendiez eſtre le Ioſeph de cette tant renommée famille de Iacob, & que les autres Docteurs n'en ſoient que les faux freres, qui ayent conſpiré voſtre perte, ſous pretexte que vous auez ſongé (& c'eſt là veritablement vn ſonge vain & friuole) que voſtre gerbe eſtoit adorée de leurs gerbes, qui s'inclinoient deuant vous; & que le Soleil

&

& la Lune, ie veux dire l'Eglise Romaine & l'Eglise Gallicane, auec tous les autres astres, c'est à dire les sçauans, s'estoient humiliez à vos pieds pour vous complimenter, & reuerer vos nouueaux sentimens?

Le troisiéme preiugé est en ce que vous agissez contre vous-mesme; Car quād vous auriez eu le dessein de décrier vostre doctrine nouuelle, de la combatre vous-mesme, & de la condamner, pouuiez-vous y reussir plus auantageusement, qu'en recusant vos propres freres, qui ont témoigné pour vous tant de tendresse & de charité, que la qualité que vous auez d'estre Docteur de Sorbonne, & leur confrere, leur a fait iusques à present dissimuler auec patience, l'affront qu'ils receuoiēt de se voir en quelque façon flestris & deshonorez par les mauuaises & dangereuses maximes que vous auez semées dans le monde, d'autant plus criminellement que le nom fameux & specieux de Docteur de Sorbonne, qui paroist sur le front de quelques-vns de vos ouurages, estoit dans la croyance des peuples vne marque certaine & indubitable, qu'il n'y auoit rien dans vos écrits, qui ne fust Catholique.

Non, Monsieur, ne croyez pas que la France ny que les païs estrangers, qui ont tant de respect pour la Maison de Sorbonne, approuuent iamais l'entreprise de vostre nouueau procedé dans la recusation iniuste & temeraire que vous auez faite de tous vos freres; & par consequent de tous les Docteurs Catholiques, puisqu'il n'y en a point ny dedans ny dehors le Royaume, qui ne souscriue volontiers à la Foy de cet illustre Corps, que tout le monde considere auiourd'huy auec vous, comme vos accusateurs, vos parties & vos Iuges; car en matiere de Foy, les Catholiques ont tousiours esté les accusateurs, les parties & les Iuges des Heretiques.

O qu'il est perilleux en matiere de Foy, d'auoir contre soy-mesme, des accusateurs, & des parties de cette qualité! & que ce reproche, Monsieur, est conuaincant contre vous, pour faire voir aux plus simples d'entre le peuple, que vostre nouuelle doctrine se trouue auiourd'huy condamnée en vostre propre bouche & par vous-mesme, dés là que vous la iugez criminelle & coupable dans l'esprit & dans la bouche de ceux, ausquels les Fideles de la France & tous les bons Catholiques ont coustume de recourir comme à leur oracle domestique, soit pour s'asseurer dans la Foy, lors qu'ils se trouuent ébranlez ou éblouïs par le faux éclat d'vne doctrine nouuelle, soit pour regler la conduite de leur vie dans les choses pratiques & difficiles à penetrer & à iuger aux consciences timides & peu versées dans ces hautes matieres.

Est-ce point, Monsieur, qu'en recusant les Docteurs Catholiques, vous pretendiez que pour vous iuger, il faille appeller des Arbitres qui ne soient ny Catholiques ny Heretiques? Pensez-y bien; car il ne seroit pas raisonnable pour decider ce differend, de recourir aux Infideles & aux Payens. Vous recourez au Pape, dites-vous, c'est ce que nous examinerons en son lieu.

Le quatriéme preiugé infaillible & conuaincant, est que la doctrine nouuelle de Monsieur Arnauld a fait son entrée dans le monde par la recusation & par les infames reproches, qu'elle a publiez contre l'honneur des plus anciennes lumieres de l'Eglise, parce qu'elle ne vouloit point de Iuges, c'est à dire, qu'à son abord elle n'a eu en bouche que des maledictions & des anathemes contre ce qu'il y a de plus saint, qui est la tradition de l'Eglise, que les saints Peres, à compter depuis Origene, auoient receuë des Disciples des Apostres & qu'ils auoient consignée en la main des Euesques leurs successeurs iusques à saint Augustin.

C'est ainsi que cette doctrine criminelle dés sa naissance, a recusé ses Iuges, & ses plus anciens Senateurs, & qu'elle les a fait descendre du plus haut de leur Tribunal, pour les mettre sur la sellette, & se placer elle-mesme dans leur trône, pour leur donner la qualité de coupables, afin de les iuger, & condamner ainsi ses propres Iuges.

N'est-ce pas pour cela que les Auteurs du Iansenisme,

tels qu'ont esté Iansenius & S. Cyran, dont Monsieur Arnauld n'est que le Disciple & le Sectaire, ont commencé leur Nouueauté par la recusation de ces Iuges sacrez: car le premier de ces deux voulant troubler l'Eglise par la fausseté de ses dogmes, a commencé son trauail par les reproches iniurieux qu'il a publiez contre tous les Peres Grecs & Latins, qui depuis Origene iusques à saint Augustin auoient éclairé l'Eglise de la lumiere de l'Euangile.

Et afin qu'on les iugeast si bien recusez, qu'ils ne peussent plus estre appellez pour ses Iuges, il les a noircis d'vn crime si atroce, qu'il n'a pas feint de flêtrir la reputation de leur doctrine & de leur sainteté, de l'infame caractere de l'heresie Semipelagienne.

C'est encore sur ce mesme fondement qu'il a posé & assis les iniustes reproches qu'il a fait de tous les Docteurs de l'Eglise & de l'Ecole, qui depuis cinq cens ans l'ont nourrie du pain de la doctrine celeste, & que s'estant attaché par vne animosité toute particuliere aux plus fameux d'entre les Docteurs Reguliers, il a adioûté les iniures, les calomnies & l'aigreur de sa plume à l'insolente recusation qu'il a faite de leur doctrine commune, sans épargner ny les Thomistes ny *saint Thomas mesme*, dont il a dit dans ses Lettres à S. Cyran *que la doctrine luy déplaisoit*.

En effet ce Nouateur parlant *non de ce siecle seulement, mais des siecles passez: Pour vous parler naïuement* (dit-il dans l'vne de ses lettres à S. Cyran) *ie tiens fermement qu'aprés les Heretiques, il n'y a gens au monde qui ayent plus corrompu la Theologie, que ces Clabaudeurs de l'Ecole que vous connoissez: Que si elle se deuoit redresser au stile ancien qui est celuy de la verité, la Theologie de ce temps n'auroit plus aucun visage de Theologie pour vne plus grande partie: Et i'ose dire que quand toutes les deux Ecoles tant des Iesuites que des Iacobins, disputeroient iusques au bout du iugement poursuiuant les traces qu'ils ont commencées, ils ne feroient autre chose que s'égarer bien dauantage, l'vne & l'autre estant cent lieuës loing de la verité.* Puis il poursuit:

Dans le liure intitulé, Naissance du Iansenisme, ou Lettres de Iansenius à l'Abbé de S. Cyran, *page 15.*

Ie n'ose dire à personne du monde ce que ie pense, selon les principes de saint Augustin, d'vne grande partie des opinions de ce temps, & particulierement de celles de la grace & de la predestination, de peur qu'on ne me face le tour à Rome qu'on a fait à d'autres (c'est à dire à Baius) *deuant que toutes choses soient meures & à son temps: Ie suis dégoûté vn peu de saint Thomas*, &c.

Ce sont là les paroles de ce Nouateur, & vne partie des reproches, sur lesquels il fondoit la recusation de ses Iuges; mais si ses faux sentimens sur la grace n'eussent esté censurez à Rome comme il l'auoit predit, nous eussions découuert bien d'autres erreurs dans le cœur de ses Sectaires qu'ils n'auroient pas manqué de publier; car ce que Iansenius appelle en ce lieu *opinions de ce temps*, outre la matiere *de la Grace*, comprend infailliblement d'autres points de doctrine, qu'ils auroient combatus comme des heresies. Les Sçauans m'entendent bien, & n'en ont que trop découuert dans les Liures, & dans les pratiques des Iansenistes; ce qui paroistra plus clairement dans ma Response.

Progrez du Iansenisme, dans l'information de la doctrine de l'Abbé de S. Cyran, page 11. & 12.

Le second, ie veux dire S. Cyran, qui dans la doctrine de la Grace auoit les mesmes sentimens que Iansenius, recusoit sur ce point tous les Iuges que Iansenius auoit recusez: Il recuse d'abondant toute l'Eglise depuis six cens ans; Car Monsieur l'Abbé de Prieres Profez en l'Ordre de Cisteaux luy ayant demãdé *qu'est-ce donc ce qu'il appelloit l'Eglise*, il luy dit que *l'Eglise n'est autre chose, que ce qui estoit auant les six cens ans derniers*: Et Monsieur de Prieres luy ayant demandé *si le Pape à present seant n'estoit pas le veritable Chef de l'Eglise, & si les Prelats, Curez, Docteurs, Religieux & le Peuple que nous voyons viure sous mesmes loix, n'en sont pas veritablement les membres*: S. Cyran repartit, que *tel corps ne peut estre censé Eglise en vn autre sens, ny pour autre raison, que pour auoir succedé à la place de la veritable l'Eglise, & de mesme que si quelque eau bourbeuse & corrompuë occupant le lict d'vne riuiere, dont l'eau auroit esté autrefois viue, claire & salutaire, on donnoit à cette mauuaise eau le nom de la mesme riuiere, quoy que changée par la corruption de cette mesme riuiere; Que la corruption s'estoit mise non seulement dans les mœurs, mais aussi en plusieurs points de la doctrine; & que les Euesques, Ecclesiastiques & Religieux d'apresent, parlant communément, sont dépourueus de l'esprit du Christianisme, de l'esprit de la Grace, & de l'Eglise; Que saint Thomas mesme auoit rauagé la vraye Theologie par le raisonnement humain;* Et pour recuser le Concile de Trente, S. Cyran disoit dans la deposition de feu Monseigneur l'Euesque de Langres Prelat illustre en sainteté, *que le Concile de Trente n'estoit pas vn vray Concile.*

Ibid. Dans la declaration de Monsieur l'Euesque de Langres, page 26.

Voilà vne partie de la nouuelle doctrine que l'Abbé de saint Cyran inspiroit à Monsieur Arnauld, & à tout le Port Royal qu'il a dirigé tant d'années, & mesme iusques au temps que Monsieur Arnauld luy a succedé dans l'instruction & la direction de cette Congregation Religieuse. Ce n'est donc pas merueille si ce sçauant Disciple s'estant abbreuué depuis vn si long-temps, dans les eaux de la cisterne que son bon Maistre luy auoit creusée, il recuse auiourd'huy les Docteurs Catholiques, que Iansenius appelloit *Clabaudeurs*, & que S. Cyran disoit estre les *Corrupteurs de la doctrine de l'Eglise.*

Le cinquiéme preiugé est en l'auersion que Monsieur Arnauld témoigne encore à present, comme il a tousiours fait, contre les Ordres Religieux vnis au Corps de la Faculté de Theologie de Paris, ne voulant pas souffrir que dans vn point, où il ne s'agit que de la seule doctrine de la Foy, pour sçauoir si la 2. *Lettre* de cet Escriuain, est Catholique ou heretique en quelques points, les Docteurs de chaque Corps Regulier s'y trouuent en plus grand nombre, que de deux seulement; Car si sur d'autres matieres moins importantes ils doiuent, ou ne doiuent s'y rencontrer qu'en ce petit nombre seulement, c'est ce que ie n'examine point, & à quoy ie ne pretends pas toucher, comme soûmis aux Puissances Ecclesiastiques & Laiques, pour lesquelles ie n'auray toute ma vie qu'vn respect entier & parfait, dans vne profonde veneration.

Mais ce qui fait iuger aux plus sensez, que la 2. *Lettre* de Monsieur Arnauld est veritablement defectueuse en la Foy, est la recusation publique qu'il fait des Docteurs des quatre Ordres Religieux Mendians, dans l'examen de son Liure : Or tout le monde ne sçait pas que S. Cyran luy auoit fourni, il y a desia long-temps, vn reproche infaillible dans sa pensée, pour recuser le grand nombre de ces Iuges desinteressez, luy ayant appris dans l'vn de ses libelles, que *l'estat religieux estoit seulement vn estat de Penitence, & non pas d'Innocence*, c'est à dire vn estat seulement de Criminels & de Scelerats, & par consequent recusables dans le iugement de toute sorte de matieres.

Petr. Aurel. vindic. page 314. Est regularis status non innocentiæ, sed pœnitentiæ status quidam.

Que si c'est là parler dignement de tant de grands Saints & Docteurs eminens, qui ont paru dans ces Ordres appellez des *Mendians*, & qui ont enrichy l'Eglise de sainteté & de doctrine, ie m'en rapporte à S. Thomas, à S. Bonauenture, & à tant d'autres qui ont fleury dans l'Escole auec tant d'honneur, & dont les noms sont en memoire sur nos autels.

Aprés tout, ie ne voy pas que dans l'examen des choses de la Foy, Monsieur Arnauld ait quelque iuste raison de recuser les Docteurs de ces Ordres Reguliers, puisqu'ayant tous abandonné les interests du siecle, pour se déuouër entierement au seruice de Dieu, ils doiuent par vne necessité inuiolable, estre immuablement attachez par la vraye Foy au corps de l'Eglise, & au corps de l'Estat par leur sincere fidelité.

A celuy de l'Eglise pour en conseruer & maintenir à iamais les veritez orthodoxes au peril de leur vie, puisqu'on peut dire d'eux tres-proprement, ce que S. Paul disoit autrefois des Chrestiens, qu'ils seroient veritablement les plus miserables d'entre les hommes, s'ils n'étoient animez de l'esperance certaine des recompenses eternelles, puisqu'ayant renoncé à tous les biens de la terre, ie veux dire aux richesses par le vœu de pauureté, aux delices de la vie, & aux licites plaisirs du mariage par le vœu de continence, & à la libre disposition de leur propre volonté par le vœu d'obeissance, ils n'ont plus rien de commun sur la terre auec les autres Chrestiens que la veuë du Ciel, & ne peuuent plus passer dans le monde, que pour des sepulchres viuans & animez, & pour des Martyrs perpetuels, immolez à la plus grande gloire de Dieu, dont toute la recompense n'est que dans vn Royaume futur, dont l'on ne prend possession qu'aprés que l'ame est separée de son corps.

Qui donc d'entre les fideles ont le plus d'interest dans leur particulier, de defendre & soustenir la pureté de la doctrine Euangelique, que ceux dont toute la vie & les emplois ne sont fondez que sur l'attente d'vne esperance Chrestienne, qui en tout siecle & en tout temps les a tousiours fait combatre si genereusement sur la terre, contre les ennemis de la pureté de la Foy & des mœurs, pour obtenir enfin la couronne immortelle qui ne se donne qu'aux combatans. Certes si des Iuges de cette qualité peuuent estre iustement recusez dans la doctrine de la Foy, il sera permis en suite de recuser tous les autres.

Mais si quant à la Foy, ils sont vnis inuiolablement au corps de l'Eglise & au S. Siege, ils sont encore vnis & liez aussi estroitement au corps de l'Estat, à raison de la fidelité inuiolable qu'ils luy doiuent par vn deuoir qui ne reçoit iamais de dispense; Ce qui procede de ce que leur Corps ne pouuant ny s'establir ny se conseruer, sans la volonté & les bonnes graces du Prince qui les reçoit dans son Royaume, les Chefs de ces Corps reguliers sont dans vne solicitude continuelle, d'arrester parmi eux la promptitude indiscrete, qui pourroit se rencontrer dans quelque particulier de leur Corps, dont la faute, l'indiscretion, ou la legereté par vne suite fascheuse retomberoit infailliblement sur tout le Corps.

C'est aussi pour cela que tous les particuliers de ces Corps sont obligez de se maintenir dans le deuoir, dans les choses qui concernent les interests de la Couronne, dont ils ne doiuent iamais parler dans les Chaires ny dans leurs Liures, si ce n'est à l'auantage du Prince, car autrement ils seroient chastiez & punis sur le champ par les Superieurs de leur Ordre.

Et certes si S. Cyran, Iansenius, & Monsieur Arnauld eussent esté renfermez dans l'vn ou l'autre de ces Corps Religieux, & liez à ses regles par vne obeissance voüée, il auroit bien empesché leurs excez, leurs nouueautez, & leurs emportemens, qui causent aujourd'huy tant de troubles dans l'Eglise & dans l'Estat. C'est aussi ce qui fait voir combien est iniuste la recusation de Monsieur Arnauld contre les Docteurs de ces Ordres. O que pleust-il à Dieu qu'il me fust permis de m'estendre sur vne si riche matiere, car ie pourrois dire beaucoup de choses tres-remarquables sur ce suiet; mais les limites d'vne simple obseruation ne me permettent pas d'en dire dauantage.

Le sixiéme preiugé infaillible & conuaincant, est, Monsieur, que supposé par impossible, que vous eussiez eu quelque raison à l'égard des Docteurs Catholiques, de vous dispẽser du precepte de l'Apostre S. Pierre cy-dessus remarqué, & de recuser toute la Compagnie de Sorbonne, & mesme tous les autres Docteurs de la France; au moins ne deuiez-vous pas pour molester l'Eglise qui vous auoit condamnez, vous adresser aux Souuerains, & vous presenter aux pieds de leurs tribunaux dans les choses de la Foy?

Dans le Cahier intitulé, Considerations sur la Lettre de Monsieur de Vabres, *page 9.*

Et vous en auiez d'autant moins de suiet, que vous auez dit dans l'vn de vos Libelles, que *les Euesques ont receu de Iesus-Christ, & de la tradition de toute l'Eglise, le pouuoir d'examiner, decider & iuger en premiere instance les causes maieures, qui regardent la Foy & la Discipline;* Et que d'ailleurs il ne falloit passer que le ruisseau, ie veux dire trauerser le peu de chemin qu'il y a entre la Maison de Sorbonne, & le lieu si connu, où se tient tous les iours l'Assemblée des Euesques de France, afin d'implorer sa iustice & sa protection dans vostre cause, si vous la iugiez equitable, & soû-

soûmettre ainsi à son iugement la decision de vostre querelle; voyez tant de celebres Euesques qui remplissent auiourd'huy cet auguste Senat, sont-ils pas vos Iuges, vos Pasteurs, & vos Peres?

D'où vient, Monsieur, que vous les auez autrefois tant honorez dans vos Liures, & qu'à present le souuenir de ces successeurs des Apostres se soit éteint & supprimé tout à coup dans vostre pensée, & dans vn temps où vous pouuiez estre secouru en vn instant, dans l'iniustice que vous pretendiez vous estre faite (contre vostre propre attente) & par vos propres freres, qui ont bien eu l'asseurance (ô le grand crime!) de vouloir examiner vne grande Lettre pleine d'erreurs, que vous n'auiez faite que pour estre leuë & admirée des simples, & non pas pour estre examinée des Sçauans, & moins encore des Docteurs de Sorbonne vos confreres; Car c'est ce que vostre recusation témoigne bien clairement.

Mais, Monsieur, si vostre doctrine est Catholique que craignez-vous? Peuuent-ils faire que ce qui est Catholique ne le soit pas? Peuuent-ils déuisager la verité, & la faire passer pour mensonge? Nous ont-ils iamais enseigné quelque mauuaise doctrine. D'où peut donc naître, Monsieur, ce mauuais sentiment que vous auez de vos Confreres? le iugement que vous en faites n'est-il point *temeraire & peché?* Consultez vostre *seconde Lettre*, & vous y trouuerez ce cas de conscience, iugé par vous contre vous-mesme, puisque vostre iugement n'est icy appuyé que sur de vains soupçons tres-faux & tres-iniustes. *2. Lettre page 77.*

Que si vostre doctrine est heretique, comme on n'en doute plus, pourquoy la donnez-vous au public? Ces Docteurs ne sont-ils pas obligez d'empécher que le peuple ne soit imbu de vos erreurs, & de la doctrine des mauuais liures? Puisque les Rois ne les ont établis, & confirmez dans leurs priuileges, que pour empécher que la foy de leurs suiets ne fust empoisonnée par les fausses doctrines.

Memoire sur le dessein, page 5. C'est aux Euesques à en iuger.

D'où vient encore, Monsieur, que vous qui auez declaré, & reconnu, que les Euesques de France estoient les vrais iuges du different que nous auons auec vous, sur le suiet des nouueaux sentimens de Iansenius, & qu'il leur appartenoit de terminer cette dispute, vous auez changé tout à coup, & qu'obmettant ce haut degré de la iuridiction pastorale & hierarchique qui est de droit diuin, vous vous estes adressé *per saltum*, c'est à dire par vne precipitation soupçonneuse, & par vne entreprise prematurée, au tribunal du Pape, pour le rendre le seul iuge & arbitre de vostre cause? Est-ce que les estrangers entendent mieux le François, que les suiets naturels de la France? Mais n'est-ce point aussi que vous esperiez que vos equiuoques, & vos fourbes cachées sous les fleurs épanouïës de tant d'elegantes paroles, se pourroient dérober plus facilement à des yeux, qui ne sont pas accoûtumez à la lecture des liures composez dans vne langue étrangere & difficile? Non, Monsieur, croyez-moy, vous n'y aurez point d'auantage: Car la lumiere d'Alexandre VII. (que vous reclamez pour vostre Iuge) est vne lumiere diuine, qui n'est point suiette aux surprises, dans les choses qu'elle examine elle-mesme, & moins encore aux erreurs, lors qu'elle se place au plus haut de son thrône, pour répandre sur le peuple fidele les rayons de la verité, ou les oracles du S. Esprit.

D'où vient donc, Monsieur, que vous & les vostres, qui auez autrefois fait tant de bruit, de ce que les Euesques de France auoient porté aux pieds du saint Siege les nouueaux sentimens de Iansenius, afin qu'il y interposast son Decret, au lieu de se rendre les premiers les iuges & les arbitres de ce differend, dont ils estoient les iuges naturels, puisqu'il s'estoit émeu dans la France au milieu de leurs troupeaux: D'où vient dis-ie que dans le nouueau differend, qui naist auiourd'huy parmy nous, au suiet de vostre seconde Lettre, vous ne vous adressez pas aux Euesques de France, assemblez à Paris dans vn si grand nombre, qu'il surpasse celuy de tant de Conciles, que la France a veu celebrer autrefois par ses Prelats ?

Est-ce que vostre personne, qui s'opiniastre à soustenir encore vne doctrine fraischement condamnée par le Pape, & par les Euesques de France, met vostre differend au rang & en l'ordre des causes maieures, qui en premiere instance n'appartiennent qu'au Pape? Si cela est ainsi, vous vous estes abusé; car il n'est plus question que de l'execution de sa Bulle, dont il a luy-mesme, dans son dernier Decret, donné la commission speciale aux Euesques de France.

Et c'est ce qui condamne absolument l'entreprise de vostre procedé, dans l'omission que vous faites du degré legitime de la iuridiction Episcopale & Hierarchique; omission qui n'est autre chose en effet, qu'vne recusation tacite & couuerte, que vous faites de ces personnes sacrées, que Dieu vous a données pour vos Iuges irreuocables dans les choses de cette qualité.

Pourquoy donc troublez-vous ainsi l'ordre diuin de la hierarchie de l'Eglise, vous qui la faites sonner si haut dans des rencontres, où vous la croyez auantageuse pour vos desseins ?

Vous nous direz peut-estre, qu'ils se sont declarez vos parties, dans le celebre Iugement de leur Assemblée, exprimé dans leur Lettre Circulaire; & qu'ainsi ils ne peuuét plus estre vos Iuges, non plus que les Docteurs de Sorbonne. Si cela est ainsi, il faudra donc iustifier tous les Heretiques, que l'Eglise a iamais veu naistre dans son propre giron; il faudra les rappeller parmy nous, & communiquer auec eux dans les diuins mysteres : Car ils nous diront tous, que les Euesques qui les ont condamnez, ont esté leurs parties & leurs iuges; Et comme les heretiques à l'aduenir n'en auront iamais d'autres, il n'y aura plus de moyen legitime de condamner iustement les heretiques, que la prouidence de Dieu permet de s'éleuer de siecle en siecle du milieu des Catholiques, par le vent de la superbe; de mesme que la paille se separe du bon grain par vn vent leger; parce qu'ils nous diront aprés Monsieur Arnauld, que leurs iuges sont leurs parties, & des parties animez de zele, de passion, d'interest & de cabale.

Le dernier preiugé est en ce que vous vous estes adressé directement au Pape, dans la pensée que vous auez euë, que si vous recusiez les Docteurs, les Euesques, & le Pape mesme, les plus simples de vostre party vous auroient abandonné, & pour lors le Port Royal seroit deuenu vn veritable *desert*.

Mais qu'auez-vous fait en cela que ce qu'ont fait les autres heretiques? Le fameux Luther ne vous a-t-il pas deuancé dans cette procedure, lors que s'estant abatu par ses lettres aux pieds du Pape, il luy dit, *Faites de moy tout ce qu'il vous plaira, faites-moy viure, faites-moy mourir, i'entendray vostre voix comme l'oracle venant de Iesus-Christ*. Et dans vne autre Lettre, *I'atteste*, dit-il, *deuant Dieu que ie n'ay iamais eu le dessein ny l'intention de toucher à l'autorité de l'Eglise Romaine ny de son Pasteur*, ainsi que ie l'ay rapporté ailleurs. Mais qui n'auroit esté surpris & trompé par cette soumission simulée, qui fit voir bien tost aprés que son cœur & sa pensée estoient tres-éloignez de la candeur de ces paroles?

Inconuen. d'Estat art. 10. sect. 2.

Qu'auez-vous fait en cela, que ce qu'ont fait les Pelages & les Celestius? Celuicy écriuant au Pape saint Innocent I. *Nous sommes hommes* (luy dit-il), *si donc peut-estre il est arriué que par ignorance il se soit glissé quelque erreur dans mon écrit, ie le soûmets humblement à la censure de vostre Sainteté*. Mais ce qui suiuit cette soûmission qui paroissoit si sincere, fit bien voir que les Chefs de l'erreur n'en reuiennent iamais, Dieu le permettant ainsi pour l'ordinaire en punition de leur superbe.

Si fortè (etenim homines sumus) quispiam ignorantiæ error obrepserit, vestra sententia corrigatur.

Et celuy-là, ie veux dire Pelage, ne condamna-t-il pas frauduleusement ses erreurs dans vn Concile (que ie n'examine point à present) par la crainte qu'il auoit d'estre condamné luy-mesme sur le champ, & de perdre en ce moment tous ceux qu'il auoit pour Sectaires, par la diffamation de son erreur ; mais depuis qu'il se fust échapé d'entre les mains de ses iuges, ne continua-t-il pas de précher & d'enseigner ces mesmes erreurs, de mesme, Monsieur, que vous renouuellez auiourd'huy dans vostre seconde Lettre, vos erreurs condamnées par la Bulle.

N'écriuit-il pas en suite au Pape saint Innocent, pour l'asseurer de sa foy & qu'il estoit Catholique, & passa bien plus auant, car il disoit tout haut que ce saint Pape approuuoit sa doctrine, & qu'il estoit dans ses nouueaux sentimens, & dans les mesmes maximes qu'il préchoit & enseignoit tous les iours à ses Sectaires. *Baron. ad ann. 416.*

N'est-ce pas, Monsieur, ce que vous faites plus adroitement encore que ce Nouateur, dans vn Liure composé contre le Pere Annat, par lequel, dites-vous, vous defendez la Bulle d'Innocent X. contre les entreprises de ce sage Confesseur du Roy, & celles de tous les Catholiques, qui disent tous que ce Pape a *condamné la doctrine de Iansenius dans les cinq Propositions censurées ?*

Mais que dira ce grand Pape Alexandre VII. dont la lumiere de l'esprit égale sa Sainteté ? Que dira-t-il de vostre feinte soûmission, lors qu'il verra dans vostre seconde Lettre, que vous renouuellez, & remettez sur pied la doctrine condamnée de Iansenius, & les cinq Propositions censurées par Innocent X. son predecesseur ? Croyez-vous, Monsieur, qu'il n'ait point eu de part à cet Arrest diuin qui condamne vos sentimens, puisque vos sentimens sont les mesmes que ceux des cinq Propositions censurées, qui se trouuent dans vostre seconde Lettre, plus riantes & plus fardées encore qu'elles n'étoient, lors que par les vostres vous les soûteniez aux pieds du saint Siege, auant vostre iugement & vostre condamnation ?

Or finissons ce dernier preiugé, puisqu'il est temps de voir si le fonds de toute vostre Lettre est sincere, & veritable ; car elle n'est principalement appuyée que sur ce que vous soûtenez, que *les cinq Propositions censurées*

2. Lettre page 150. *ne sont point de Iansenius ny dans son Liure;* que *vous & les vostres qui l'auez leu auec soin, ne les y auez iamais leuës;* Voyons dis-ie maintenant si vous ne les y auez iamais leuës, & si vous & les vostres, ne nous auez pas indiqué dans vos Libelles, les liures & les chapitres du Liure de Iansenius, où elles sont clairement contenuës, & expliquées bien au long, sans toutefois que vous en ayez rapporté les textes : Car mon dessein pour le present n'est autre, que de vous representer seulement les textes que i'ay extraits de Iansenius, sur la foy de vos citations que i'ay trouuées veritables ; afin que ie vous

Luc. cap. 19. puisse dire par la bouche de l'Euangeliste, *De ore tuo te iudico, Ie vous condamne, Monsieur, par vous-mesme.*

www.ingramcontent.com/pod-product-compliance
Ingram Content Group UK Ltd.
Pitfield, Milton Keynes, MK11 3LW, UK
UKHW021039180726
13838UKWH00004B/1890